4°G 1073

Toutey

La Géographie Nouvelle

Cours Préparatoire

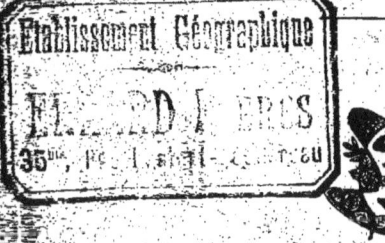

J. BRICON et A. LESOT, ÉDITEURS
10, Rue de l'Éperon
PARIS

Mod. Dép.

Puucarbonew
✠G
1073

LA

GÉOGRAPHIE

NOUVELLE

PAR

E. TOUTEY

ANCIEN INSTITUTEUR
INSPECTEUR PRIMAIRE, DOCTEUR ÈS-LETTRES
MEMBRE DU CONSEIL SUPÉRIEUR DE L'INSTRUCTION PUBLIQUE

Cours Préparatoire

CINQUANTIÈME ÉDITION

PARIS
J BRICON ET A. LESOT, Éditeurs
10, RUE DE L'ÉPERON

Tous droits réservés

PLAN DE L'OUVRAGE

1re LEÇON.		L'ombre d'un bâton à midi.
2e	—	Les quatre points cardinaux.
3e	—	Les jours, les nuits, les saisons.
4e	—	Le soleil, la terre.
5e	—	Les vents, les nuages, la pluie.
6e	—	Les orages, la gelée, la neige.
7e	—	Les ruisseaux, les rivières.
8e	—	Les rivières, les sources.
9e	—	Fleuves, affluents, embouchure.
10e	—	Utilité des fleuves.
11e	—	Le bord de la mer.
12e	—	Mer, caps, golfes, îles.
13e	—	La plaine.
14e	—	La campagne.
15e	—	Les travaux de la campagne. L'agriculture.
16e	—	Le blé, la vigne, les prairies.
17e	—	Les montagnes.
18e	—	Les glaciers, les Alpes, les Pyrénées.
19e	—	L'air des montagnes. Sources minérales.
20e LEÇON.		Les mines, les usines, l'industrie.
21e	—	Les villes.
22e	—	Les grandes villes.
23e	—	Les routes, les chemins de fer, les bateaux.
24e	—	Voies de communication. Le commerce.
25e	—	La France.
26e	—	Mers et montagnes de France.
27e	—	Les fleuves de France.
28e	—	Les grandes villes de France.
29e	—	Pays étrangers, frontières.
30e	—	Principaux peuples d'Europe.
31e	—	Pays lointains.
32e	—	Races d'hommes.
33e	—	Oiseaux et animaux étrangers.
34e	—	
35e	—	Le café, le thé, le cacao, le riz, le coton. Les colonies.
36e	—	Le monde, les océans.
37e	—	Les cinq parties du monde.

COURS PRÉPARATOIRE

PRÉFACE

Ce petit livre a été fait dans le même esprit que les autres cours de la GÉOGRAPHIE NOUVELLE. Il n'a pas la prétention d'être savant ni d'être complet. Il cherche simplement à initier de tout jeunes enfants aux études géographiques, et il les invite à regarder autour d'eux dans la nature, à observer et à comprendre des phénomènes qui ont le plus d'importance au point de vue géographique. Donc, pas de sèches définitions[1], pas de nomenclature; mais partout, le procédé intuitif, le procédé de la leçon de choses, si éminemment éducatifs et bien appropriés à l'école primaire.

Les éditeurs ont fait des frais considérables pour donner à ces modestes leçons, toute leur valeur: qualité du papier, grosseur des caractères, disposition du texte, des gravures et des cartes et, par dessus tout, perfection des dessins, qui sont chacun de véritables tableaux fort bien appropriés au sujet, exécutés par Berton, l'habile dessinateur.

E. TOUTEY.

---

(1) Les termes géographiques sont suffisamment expliqués par le texte, la gravure ou la carte; la définition, très simple, n'en est donnée qu'à la fin du volume.

1ʳᵉ LEÇON

L'ombre d'un bâton à midi.

Il fait un beau soleil. Profitons-en pour commencer dehors notre première leçon de *géographie*. Nous ferons souvent les autres dehors aussi, car la géographie, c'est précisément l'étude des champs et des bois, des rivières et des routes, de la terre entière.

Il est *midi*. Plantons un bâton bien droit au milieu de la cour, et, avec une petite pioche, creusons légèrement le sol suivant la ligne *d'ombre* qu'il fait.

Questions. — 1. Y a-t-il des nuages aujourd'hui ? — 2. Au-dessus de quelle maison est le soleil ? — 3. Citez des objets qui donnent de l'ombre. — 4. Les objets donnent-ils de l'ombre quand le soleil est derrière les nuages ? — 5. Les objets donnent-ils de l'ombre la nuit ? — 6. Peut-on obtenir de l'ombre avec une lampe ? une bougie ? — 7. Qu'avons-nous fait pour notre première leçon de géographie ?

Devoir écrit. — Dessinez la gravure du haut de la page.

2ᵉ LEÇON

L'ombre à midi
et les quatre points cardinaux.

Le soleil brille aussi clair que mardi, et j'entends midi sonner. Allons voir l'ombre de notre bâton.
Elle est juste au même endroit, sur la ligne creusée. Elle y sera encore demain, et tous les jours suivants.
Tous les jours à midi, l'ombre du soleil a la même direction, mais pour un moment seulement. Dès midi et demi elle a déjà tourné.
Eh bien! cette ligne, elle marque par un bout le côté du *midi,* et par l'autre bout, le côté du *nord.*
Faisons une autre ligne qui la coupe en croix. Voici à gauche, le côté du soleil *levant* ou le *levant;* voilà à droite, le côté du soleil *couchant* ou le *couchant.*

Questions. — 1. A quelle heure l'ombre d'un bâton au soleil a-t-elle toujours la même direction ? — 2. Quelle partie de la cour est du côté du midi ? — Et du nord ? — Et du levant ? — Et du couchant ? — 3. De quel côté le soleil se couche-t-il ? Se lève-t-il ? etc.
Nombreux exercices pratiques d'orientation.

3e LEÇON

UNE JOURNÉE D'ÉTÉ

Les jours. Les nuits. Les saisons.

Pendant le temps que le soleil reste au-dessus de nous, soit qu'il nous éclaire de ses rayons, soit qu'il se tienne caché derrière les nuages, nous avons le *jour;* les oiseaux chantent, les hommes et les animaux travaillent, toute la nature est en activité.

Quand le soleil a disparu, au contraire, c'est la *nuit*, et tout repose.

Les jours sont beaucoup plus longs et plus chauds en *été*, beaucoup plus courts et plus froids en *hiver*.

C'est encore au soleil que nous devons les quatre saisons : le *Printemps*, l'*Été*, l'*Automne* et l'*Hiver*.

Questions. — 1. Qu'est-ce qui produit le jour? — 2. Qu'est-ce qui produit la nuit ? — 3. Peut-on remplacer la lumière du soleil ? — 4. Que fait-on pendant l'été dans les champs ? — 5. Dans quelle saison se fait la moisson ? — 6. Pendant quelle saison les plantes ne croissent-elles pas ? — 7. Dans quelle saison les feuilles des arbres repoussent-elles avec les fleurs ?

Devoir écrit. — Quels sont les sept jours de la semaine et les quatre saisons de l'année ?

4ᵉ LEÇON

Le Soleil. La Terre.

Le *soleil* est une *grosse boule de feu* ; tellement grosse et tellement éloignée de nous, que nous ne pouvons pas nous en faire une idée.

La *terre* est également une très, très grosse boule ; on la représente par un *globe* comme celui dont vous voyez l'image plus haut.

Au milieu, tout autour, c'est *l'équateur* : il y fait très chaud toute l'année, plus chaud qu'ici en été.

Aux deux bouts, ce sont les *pôles :* le *pôle nord* en haut, le *pôle sud* en bas ; il y fait très froid toute l'année, plus froid qu'ici en hiver.

Questions. — 1. Quelle est la forme du soleil ? — 2. Pourquoi ne nous paraît-il pas plus gros ? — 3. Quelle est la forme de la terre ? — 4. Avec quoi la représente-t-on ? — 5. Montrez sur le globe terrestre le pôle nord ? — 6. Montrez sur le globe terrestre le pôle sud ? — 7. Montrez sur le globe terrestre l'équateur ? — 8. (Même exercice sur la figure, puis au tableau noir). — 9. Où fait-il le plus chaud ? — 10. Où fait-il le plus froid ? — 11. Comment est notre climat ?

Devoirs écrits. — Dessin du globe terrestre.

5ᵉ LEÇON

Le Vent. Les Nuages. La Pluie.

Le *vent* s'est élevé. Il vient de l'ouest ; il vient de la mer. Il chasse de gros *nuages* sombres, d'où la pluie commence à tomber. Rentrons vite nous mettre à l'abri, et regardons à travers la fenêtre.

Les plantes du jardin, qui depuis longtemps souffraient de la sécheresse, sont tout heureuses. Elles relèvent la tête et paraissent reverdir. La pluie est bien utile malgré les petits désagréments qu'elle cause.

Questions. — 1. Fait-il du vent aujourd'hui ? — 2. De quelle direction souffle-t-il ? — 3. Amène-t-il des nuages ? — 4. Quel jour avons-nous vu de la pluie pour la dernière fois ? — 5. A-t-elle fait du bien ou du mal aux plantes ? — 6. Comment remplace-t-on la pluie dans les jardins par le temps de sécheresse ? — 7. Peut-on faire de même dans la campagne ? — 8. Pourquoi ?

Devoirs écrits. — Dites ce que vous savez sur la pluie. — Dessinez un arrosoir.

6ᵉ LEÇON

Les Orages. La Gelée. La Neige.

Mais avec les gros *orages*, la pluie est quelquefois mêlée de *grêle* et le vent devient très violent. Alors les morceaux de grêle, ou grêlons, brisent tout sur leur passage, et le cultivateur voit avec terreur sa récolte perdue en quelques instants.

En hiver, l'air froid gèle les gouttes de pluie qui tombent; il les transforme en flocons de *neige*, blancs et légers. La neige forme parfois une couche épaisse qui reste plusieurs jours avant de fondre.

Questions. — 1. Qu'avez-vous remarqué pendant le dernier orage ? — 2. Quel mal peut faire la grêle ? — 3. Quelles plantes souffrent surtout de la grêle ? — 4. Dans quelle saison y a-t-il le plus d'orages ? — 5. Avez-vous déjà pris de la neige dans vos mains ? — Quand ? — 6. Qu'avez-vous ressenti en touchant cette neige ? — 7. Qu'est-elle devenue ?

Devoirs écrits. — 1. Décrire un orage. — 2. Dessinez la figure ci-dessus.

7ᵉ LEÇON

Les Ruisseaux. Les Rivières.

Le vent tourne de l'autre côté. La pluie cesse de tomber. Mais longtemps encore l'eau coule sur le sol de la cour et de la rue, creusant de petites *rigoles*, qui descendent et forment en bas un véritable *ruisseau*.

— Où va ce *ruisseau* ?

— Il descend toujours et va se perdre dans la petite *rivière* qui est plus loin.

Questions. — 1. De quel côté souffle le vent humide qui amène la pluie ? — 2. De quel côté souffle le vent sec qui la fait cesser ? — 3. Que devient l'eau qui ruisselle sur la terre ? — 4. L'eau coule-t-elle vers le bas ou vers le haut de la cour ? — 5. Le ruisseau qui se forme après une pluie dure-t-il longtemps ? — 6. Et la rivière ?

Devoirs écrits. — 1. Répondez par écrit aux questions 1, 2, 3. — 2. Dessinez les rigoles formées dans la cour après une grosse pluie.

8ᵉ LEÇON

UNE SOURCE

Les Rivières. Les Sources.

Comment se fait-il que la *rivière* continue de couler longtemps après la pluie, et lorsque le sol est devenu complètement sec ? D'où lui vient toute cette eau ?

— C'est qu'une partie de l'eau de pluie n'a pas coulé sur le sol ; elle s'est enfoncée dans la terre comme dans une grosse éponge, et elle en ressort plus bas lentement, petit à petit, comme si l'on pressait l'éponge. Ces filets d'eau qui sortent de terre sont des *sources*. Les sources donnent de l'eau filtrée, presque toujours fraîche, claire et limpide.

Questions. — 1. Toute l'eau de la pluie a-t-elle coulé sur le sol ? — 2. Où est allé le reste ? — 3. Cette eau demeure-t-elle longtemps dans la terre ? — 4. Comment appelle-t-on l'endroit où elle en sort ? — 5. Comment est l'eau des sources ?

Devoirs écrits. — 1. Racontez une promenade dans laquelle vous avez trouvé une source. — 2. Dessinez la figure ci-dessus.

9ᵉ LEÇON

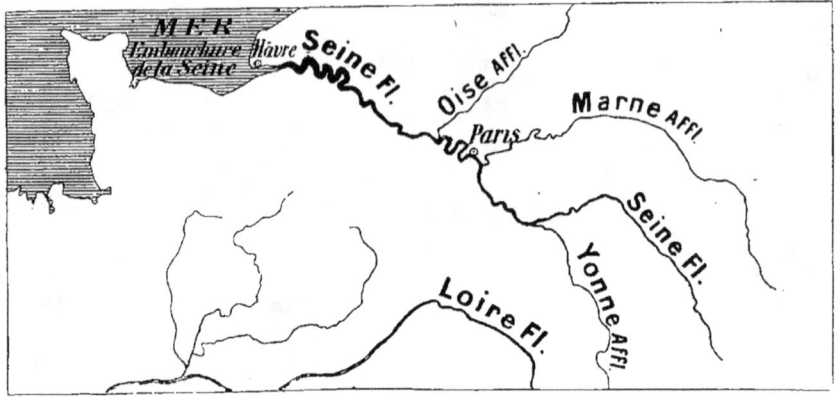

Fleuves. Affluents. Embouchure.

Beaucoup de ruisseaux qui se réunissent forment une *rivière* et, plusieurs rivières qui se réunissent, forment à leur tour, un grand cours d'eau appelé *fleuve*.

La *Seine* est un petit ruisseau près de sa *source*, mais elle devient un grand fleuve après avoir reçu plusieurs rivières, qu'on appelle ses *affluents*.

Elle se termine dans la mer par une large *embouchure*. La mer est si grande que l'on peut aller dessus en bateau, pendant plusieurs jours, plusieurs semaines, sans voir l'autre bord, rien que le ciel et l'eau.

Questions. — 1. Que forment plusieurs ruisseaux réunis ? — 2. Que forment plusieurs rivières réunies ? — 3. Nommez un fleuve. — 4. Quel nom donne-t-on à toutes les rivières qui se jettent dans un fleuve ? — 5. Comment appelle-t-on l'endroit où ces rivières se réunissent au fleuve (chercher sur la carte) ? — 6. Où se termine la Seine ? — 7. Cherchez sur la carte les noms de trois affluents de la Seine.

Carte. — Reproduire la carte plus haut.

10ᵉ LEÇON

Utilité des Fleuves.

Sur un fleuve, comme la Seine, vont et viennent des *bateaux*, qui transportent de lourdes *marchandises*. Ces bateaux s'arrêtent dans les villes.

La principale ville de la Seine est **PARIS**; située entre le *confluent* de la Marne et celui de l'Oise; Paris reçoit des bateaux venus par la Seine, par la Marne, par l'Oise, et d'autres venus de la mer.

A l'embouchure de la Seine est une autre grande ville: *Le Hâvre*.

Questions. — 1. Qui a déjà vu un bateau ? — 2. Comment est-ce fait ? — 3. Pourquoi un bateau est-il porté par l'eau ? — 4. Que peut-on charger sur un bateau ? — 5. Citez une grande ville sur la Seine. — 6. Entre les confluents de quelles rivières est situé Paris ? — 7. Par quelles rivières Paris peut-il recevoir des bateaux ? — 8. Cherchez sur la carte une autre ville importante à l'embouchure de la Seine.

Carte. — Reproduire la carte plus haut.

11ᵉ LEÇON

LA TEMPÊTE

Le Bord de la Mer.

Lorsqu'on arrive pour la première fois au bord de la *mer*, on est saisi d'étonnement et d'admiration par cette vaste étendue d'eau qui n'a pas de fin.

Tantôt la mer est calme, et ses *flots* viennent doucement mourir sur le *rivage*.

Tantôt les vents furieux soulèvent d'énormes *vagues* qui se brisent sur les *rochers* avec un bruit terrible. Malheur aux marins qui sont alors secoués par la tempête !

Questions. — 1. Par quoi est-on surpris lorsqu'on arrive pour la première fois au bord de la mer ? — 2. Comment est la mer par un temps calme ? — 3. Pourquoi aime-t-on à se promener au bord de la mer ? — 4. Comment devient la mer par la tempête ? — 5. Quels dangers menacent alors les marins ou navigateurs ? — 6. Dites tout ce que vous voyez sur l'image de la leçon.

Dessin. — Reproduire l'image de la leçon.

12e LEÇON

Mer. Caps. Golfes. Iles.

Le bord de la mer s'appelle aussi *côte* ou *rivage*. Il n'est pas droit. Il forme des *caps* qui s'avancent dans la mer, et des *golfes* où la mer, au contraire, s'enfonce dans la terre.

Quelquefois des terres ou des rochers sont entourés d'eau de tous côtés : on les appelle des *îles*.

L'eau de la mer est salée. La mer est peuplée d'un grand nombre de *poissons* que l'on *pêche* pour notre nourriture.

Questions. — 1. Comment s'appelle le bord de la mer ? — 2. Dessinez un cap. — 3. Dessinez un golfe. — 4. Dessinez une île. — 5. Comment est l'eau de la mer ? — 6. Connaissez-vous des poissons de mer ? — 7. Connaissez-vous des poissons d'eau douce ?

Dessin. — Reproduire le dessin ci-dessus.

13ᵉ LEÇON

La Plaine.

Sortons de l'école, sortons du village, et allons dans la *campagne*. L'air pur emplit joyeusement nos poitrines. Librement nous courons devant nous. Rien n'arrête notre vue.

Bien loin, tout autour, un cercle semble se former, que l'on appelle *l'horizon*; mais nous savons que ce n'est pas une barrière et qu'on peut passer au-delà, car la *plaine* où nous sommes comprend encore beaucoup de villages semblables au nôtre.

Questions. — 1. Quand êtes-vous allé dans la campagne pour la dernière fois ? — 2. Faisait-il beau temps ? — 3. Comment était le ciel ? — 4. Quels hameaux sont autour de notre village ? — 5. Nommez quelques villages voisins du nôtre. — 6. Combien vous faut-il de temps quand vous marchez, pour aller jusqu'au plus prochain village ? — 7. Qu'appelle-t-on horizon ? — 8. Peut-on le traverser ? — 9. Jusqu'où s'étend la plaine où nous sommes ?

Dessin. — Reproduire le dessin ci-dessus.

14ᵉ LEÇON

La Campagne.

La France est un très grand pays, formé en partie de belles *plaines* comme celle que vous avez devant vous.

De belles plaines où des *laboureurs* actifs et robustes cultivent le *blé*, où les *bestiaux* trouvent leur nourriture dans de vertes *prairies*, où les arbres des *bois* et des *forêts* fournissent la charpente des maisons et le bois de chauffage pour l'hiver.

La campagne est arrosée par des rivières ; on la parcourt sur les routes et les chemins ; le chemin de fer permet d'aller très vite et très loin.

Questions. — 1. N'y a-t-il en France que la plaine où nous sommes ? — 2. Que cultivent les laboureurs dans la plaine ? — 3. Où les bestiaux trouvent-ils leur nourriture ? — 4. A quoi sert le bois ? — 5. Où le trouve-t-on ? — 6. Indiquez les routes que vous connaissez et dites où elles conduisent.

Dessin. — Reproduire le dessin ci-dessus.

15ᵉ LEÇON

LA MOISSON

Les Travaux de la Campagne.
L'Agriculture.

Tous ces travaux que vous voyez faire dans la campagne s'appellent les travaux de *l'agriculture*; il faut labourer la terre, y mettre de la semence, et, plus tard, faire la récolte. Le jour, les hommes travaillent aux champs, au bois ; le soir ils rentrent à la *ferme* ou au *village*.

C'est l'agriculture qui nous procure de quoi vivre : le *blé*, la *pomme de terre*, les *fruits*, le *vin* sont des *produits agricoles*.

Questions. — 1. Quels sont les principaux travaux de l'agriculture ? 2. Comment appelle-t-on les hommes qui s'occupent d'agriculture ? 3. Où travaillent-ils pendant le jour ? — 4. Où rentrent-ils le soir ? — 5. A quel moment sème-t-on le blé ? — 6. A quel moment le récolte-t-on ? — 7. Citez encore d'autres produits agricoles ?

Dessin. — Reproduire le dessin ci-dessus.

16ᵉ LEÇON

LES VENDANGES

Le Blé. La Vigne. Les Prairies.

Il y a des terrains qui conviennent mieux à certaines cultures : ainsi les environs de Paris et le *Nord de la France* produisent plus de *blé* que le Midi. Mais le *Midi* qui a un soleil plus chaud, récolte plus de *vin*.

Les *prairies* croissent dans les terrains humides ou faciles à arroser, par exemple le long des rivières.

Questions. — Y a-t-il des prairies dans votre village ? — 2. A quel endroit ? — 3. Pourquoi ? — 4. Où récolte-t-on les fruits et les légumes ? — 5. Quelle est la plante qui réussit mieux dans le Nord de la France que dans le Midi ? — 6. Quelle est celle qui réussit mieux dans le Midi que dans le Nord ?

Dessin. — Reproduire le dessin ci-dessus.

Devoir. — Le décrire.

17ᵉ LEÇON

Les Montagnes.

On ne peut pas cultiver tout le sol de la France. Certaines parties, au lieu d'être des plaines sont des *montagnes;* le laboureur pourrait difficilement y monter avec sa charrue et il n'y a pas partout de la terre cultivable, mais seulement, en beaucoup d'endroits, des pierres et des *rochers.*

Les *sommets* de ces montagnes se perdent dans les nuages. On ne passe habituellement que par des endroits un peu moins élevés appelés *cols,* où des chemins et des sentiers ont été péniblement tracés.

Questions. — 1. Peut-on cultiver partout le sol de la France ? — 2. Avez-vous déjà vu des montagnes ? — 3. Est-ce difficile de marcher dans les montagnes ? — 4. Pourquoi ? — 5. Y a-t-il beaucoup de terre cultivable dans les montagnes ? — 6. Où sont les sommets des montagnes ? — 7. Où sont les pieds des montagnes? — 8. Où sont les pentes des montagnes ? — 9. En quels endroits peut-on traverser les montagnes ?

Dessin. — Reproduire l'image ci-dessus.

Devoir. — La décrire.

21ᵉ LEÇON

Les Villes.

Lorsque beaucoup d'habitations, petites et grandes, sont en un même endroit, cela forme une ville. Il y a aussi dans une ville, des *magasins* où l'on vend vêtements, coiffures, chaussures; sucre, café; outils, instruments d'agriculture et de jardinage, etc.

Les habitants de la campagne viennent à la ville vendre le blé, les bestiaux, les volailles, le beurre, etc.; et ils achètent dans les magasins ce dont ils ont besoin.

Toutes ces ventes et ces achats s'appellent le *commerce*.

Questions. — 1. Comment appelle-t-on la réunion de beaucoup d'usines, de maisons en un même endroit ? — 2. Que vend-on dans les magasins ? — 3. Dans quel magasin achète-t-on les chapeaux ? Les souliers ? Les vêtements ? — 4. Quel nom donne-t-on à toutes les personnes dont le métier est d'acheter et de vendre ?

Dessin. — Reproduire le dessin d'un monument de la ville.

20ᵉ LEÇON

Les Mines. Les Usines. L'Industrie.

Les pentes des montagnes portent généralement de belles forêts et des prairies.

Et plus bas, en creusant le sol, on a trouvé des mines de *charbon de terre*, des mines de *fer*, de *plomb*, etc.

Avec ce charbon de terre, on fait marcher de puissantes *machines* qui fabriquent nos vêtements, les instruments dont se sert le laboureur, etc.

Ce travail, fait en grand dans les *usines*, s'appelle *l'industrie*.

Questions. — 1. Qu'y a-t-il sur les pentes des montagnes ? — 2. Qu'a-t-on trouvé en plusieurs endroits en creusant le sol au pied des montagnes ? — 3. De quelle couleur est le charbon de terre ? — 4. Quels autres charbons connaissez-vous ? — 5. Avec quoi fait-on fondre le minerai de fer ? — 6. Avec quoi fait-on marcher les grosses machines ? — 7. Que fabriquent ces machines ? — 8. Indiquez des travaux d'agriculture ? — 9. Indiquez des travaux d'industrie.

Dessin. — Reproduire le dessin ci-dessus. — Le décrire.

19ᵉ LEÇON

VICHY

L'Air des Montagnes.
Sources d'Eaux minérales.

Ne croyez pas que les montagnes soient inutiles. D'abord les montagnes avec leurs fiers sommets, leurs neiges blanches, leurs torrents bouillonnants, sont un des plus beaux spectacles que l'on puisse voir.

Et puis, on y respire un air plus pur, et beaucoup de gens malades vont se guérir dans les montagnes.

Il y a souvent, aussi, au pied des montagnes, des *sources d'eaux minérales* bienfaisantes, qui aident à la guérison de certaines maladies.

Questions. — 1. Qu'est-ce qui fait la beauté des montagnes ? — 2. Comment est l'air que l'on respire dans les montagnes ? — 3. Où les malades vont-ils parfois se guérir ? — 4. Que trouve-t-on dans une source ? — 5. Où sont généralement les sources d'eaux minérales ? — 6. A qui les sources d'eaux minérales sont-elles utiles ? — 7. Connaissez-vous le goût d'une source d'eau minérale (Vichy) ? — 8. Goûtez-en et dites comment vous la trouvez ?

Dessin. — Reproduire le dessin ci-dessus. — Le décrire.

18ᵉ LEÇON

Les Montagnes (suite). Les Glaciers. Les Alpes. Les Pyrénées.

Il fait très froid sur les hautes montagnes. La neige y tombe en été comme en hiver; elle durcit et forme d'épaisses couches de glace appelées *glaciers*.

Les glaciers descendent peu à peu de la montagne et fondent en bas. Toute cette neige fondue donne des *torrents* qui coulent avec rapidité, entraînant du gravier et même des pierres dans leur courant.

Les plus grandes montagnes françaises sont les *Alpes* et les *Pyrénées*.

Questions. — 1. Fait-il chaud en été sur les hautes montagnes ? — 2. Que devient la neige durcie ? — 3. La neige qui tombe sur le toit de l'école en hiver y reste-t-elle ? — 4. Pourquoi tombe-t-elle ensuite dans la cour ? — 5. Que devient-elle en bas ? — 6. Pourquoi les torrents coulent-ils avec rapidité ? — 7. L'eau coule-t-elle plus vite sur le toit ou dans la cour ? — 8. Quelles sont les plus grandes montagnes françaises?

Dessin. — Reproduire le dessin ci-dessus.

Devoir. — Le décrire.

22e LEÇON

PLACE DE LA CONCORDE A PARIS

Les grandes Villes.

Les villes qui ont beaucoup d'industrie et beaucoup de commerce deviennent très grandes et elles ont beaucoup d'habitants. Elles sont toujours situées sur de grands fleuves, comme *Paris*, capitale de la France, sur la Seine; Lyon, sur le Rhône ; ou bien elles sont sur la mer comme Marseille, qui reçoit des bateaux de toutes les parties du monde.

Une ville a de grandes maisons, de grandes rues, où circulent un grand nombre de voitures et de gens, etc.

Questions. — 1. Quelles sont les villes qui deviennent très grandes et qui ont beaucoup d'habitants ? — 2. Citez en trois. — Sur quel fleuve est Paris ? — 4. Que savez-vous de Marseille ? — 5. Que remarquez-vous dans une ville ? — 6. Parlez des maisons et des monuments. — 7. Que voyez-vous dans les rues ?

Dessin. — Faites le dessin d'un monument de la ville.

Devoir écrit. — Que voyez-vous sur l'image de la leçon ?

23ᵉ LEÇON

Les routes. Les Chemins de fer. Les Bateaux.

Il faut pouvoir aller facilement d'une ville à l'autre, et pouvoir transporter les marchandises. Si la distance n'est pas longue, on y va par la *route*, à pied ou en voiture.

Pour aller vite et loin on prend le *chemin de fer* et les *automobiles*. Et quand les marchandises sont très lourdes, comme les bois, les charbons, on les charge sur des *bateaux*.

Questions. — 1. Comment peut-on aller d'une ville à l'autre ? — 2. Combien faut-il de temps pour aller d'ici à la ville voisine : 1° à pied ; 2° en voiture ; 3° en chemin de fer ; 4° en bateau ? — 3. Quelles sont les marchandises que l'on transporte en bateau ? — 4. Qu'est-ce qui fait avancer une voiture ? — 5. Et le chemin de fer ? — 6. Et un bateau ?

Dessin. — 1. Voiture. — 2. Chemin de fer. — 3. Bateau.

24ᵉ LEÇON

Les Voies de communication.
Le Commerce.

Les routes, les chemins de fer, les fleuves, les rivières, les canaux, forment les *voies de communication* et sont très utiles aux hommes, soit qu'ils se livrent aux travaux de l'agriculture, soit qu'ils se livrent à ceux de l'industrie ou du commerce.

Il y a aussi de véritables voies de communication à travers les mers; de grands bateaux vont tout autour du monde chercher des marchandises et ils les rapportent en France.

Questions. — 1. Indiquez les voies de communication que vous connaissez ? — 2. A qui sont utiles les voies de communication ? — 3. Pourquoi le laboureur a-t-il besoin de routes ? 4. Pourquoi le marchand ou le commerçant a-t-il besoin des chemins de fer ? — 5. Connaissez-vous des marchandises que l'on va chercher au delà des mers ?

Dessin. — Reproduisez la figure qui est en haut de la leçon.

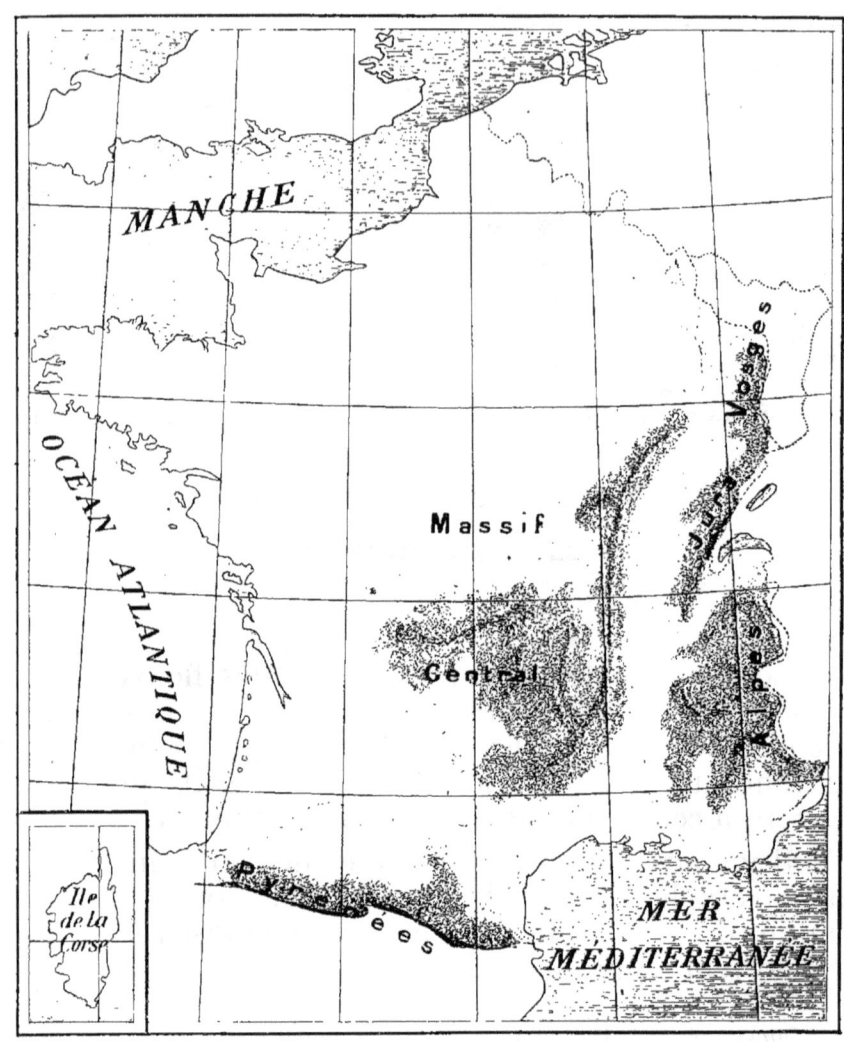

MERS ET MONTAGNES DE FRANCE

25ᵉ LEÇON

La France.

La *France* est notre pays, *notre patrie.*
Si vous alliez hors de France vous entendriez les gens parler une autre *langue,* une langue que vous ne pourriez pas comprendre. Mais dans toute la France vous êtes comme chez vous ; vous parlez français et tout le monde parle français.
La France est un grand pays ; il faudrait presque un mois pour la traverser à pied, en marchant toujours dans le même sens.

Questions. — 1. Comment s'appelle votre patrie ? 2. Comment s'appellent les habitants de la France ? — 3. Que remarqueriez-vous si vous alliez hors de France ? — 4. Pouvez-vous être compris en parlant dans toutes les parties de la France ? — 5. Combien faudrait-il de temps pour traverser la France en marchant toujours devant soi ?

Carte. — Dessinez le tour de la France.

26ᵉ LEÇON

Les Mers et les Montagnes de France.

La moitié environ de la France touche à la mer.
Il y a à l'Ouest l'*Océan Atlantique,* au Sud la mer *Méditerranée* et au Nord la *Manche.*
En outre, la France est limitée à l'Est par de hautes montagnes : les *Alpes,* le *Jura,* les *Vosges.*
Elle est limitée encore au Sud par d'autres montagnes : les *Pyrénées.*
Et au milieu de la France, se trouvent les montagnes du *Massif Central.*

Questions. — 1. La France touche-t-elle à la mer ? — 2. De quels côtés ? — 3. Comment s'appellent les mers qui baignent la France ? — 4. Quelles montagnes forment les limites de la France à l'est ? — 5. Au sud ? — 6. Quelles montagnes y a-t-il au centre de la France ?

Carte. — Dessinez le tour de la France ; écrivez en grosses lettres le nom des mers et des montagnes.

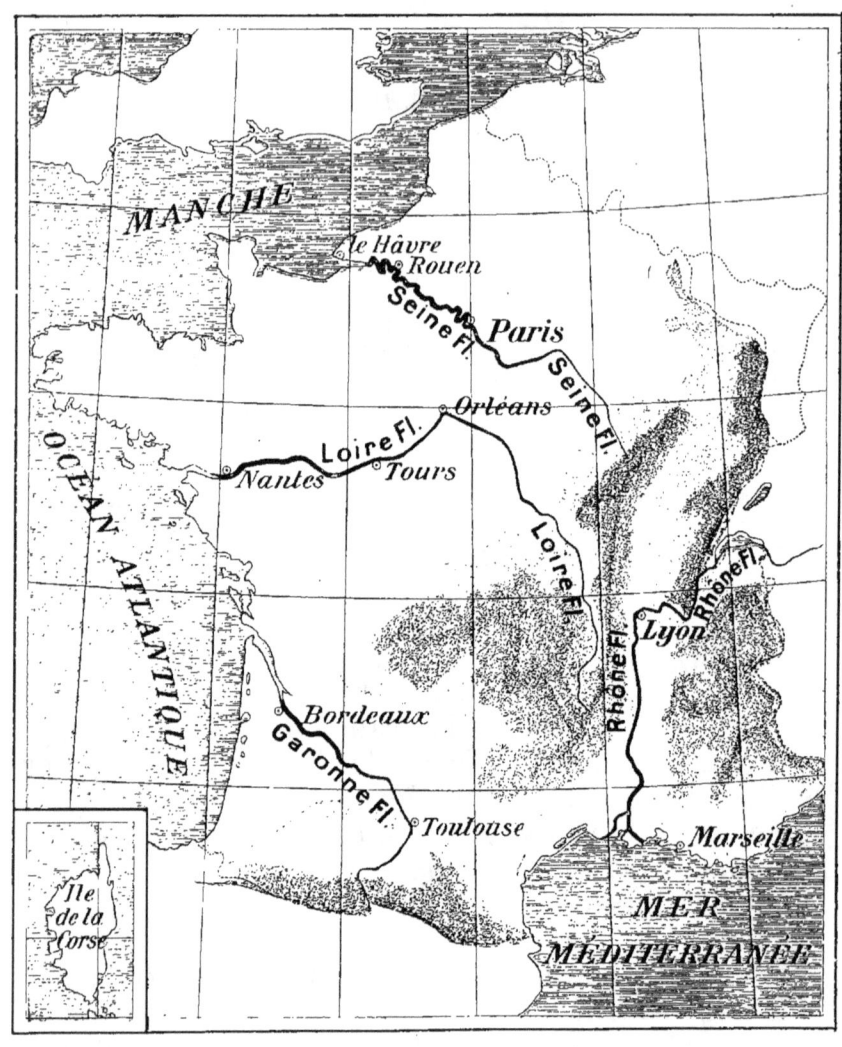

FLEUVES ET GRANDES VILLES DE FRANCE

27ᵉ LEÇON
Les Fleuves de France.

Quatre grands fleuves traversent la France et vont se terminer dans les mers qui la bordent :
1º *La Seine;* 2º *La Loire;* 3º *La Garonne,* qui coulent à l'Ouest, ou mieux, au Nord-Ouest, vers la Manche et l'Océan ;
4º *Le Rhône,* qui coule au Sud vers la mer Méditerranée.

Questions. — 1. Combien y a-t-il de grands fleuves qui traversent la France ? — 2. Dans quelle mer se jette la Seine ? — 3. La Loire ? — 4. La Garonne? — 5. Dans quelle direction coulent ces trois fleuves ? — 6. Dans quelle direction coule le Rhône et dans quelle mer se jette-t-il ?

Carte. — Faites une carte de France, écrivez les noms des mers et des quatre principaux fleuves.

28ᵉ LEÇON
Les grandes Villes de France.

Ces quatre fleuves fertilisent les campagnes et passent à côté ou au milieu de plusieurs grandes villes. En outre, ils ont tous une grande ville à leur embouchure, ou près de leur embouchure.

La *Seine* passe à **PARIS**, capitale de la France, à **Rouen** et **Le Hâvre** ;

La *Loire* passe à **Orléans, Tours, Nantes** ;

La *Garonne* passe à **Toulouse, Bordeaux** ;

Le *Rhône* passe à **Lyon**, et il a son embouchure près de **Marseille**.

La France est un beau pays, que nous aimons de tout notre cœur.

Questions. — 1. A quel endroit des fleuves se trouvent généralement les grandes villes ? — 2. Dans quelles villes passe la Seine ? — 3. Dans quelles villes passe la Loire ? — 4. Dans quelles villes passe la Garonne ? — 5. Dans quelles villes passe le Rhône ?

Carte. — France avec les fleuves et les villes où ils passent.

29ᵉ LEÇON

Pays Étrangers. Frontières.

Sortons de France. Nous trouverons des gens qui nous ressemblent. Leur visage a la même couleur que le nôtre. Leur costume est fait comme le nôtre.

Mais ils parlent un langage que nous ne comprenons pas. Les soldats ne sont pas habillés comme chez nous. Le drapeau qui flotte aux monuments publics, n'est plus le drapeau tricolore.

Nous sommes dans un autre pays, chez un autre *peuple*, au milieu d'une autre *nation*.

La ligne qui sépare les Français des autres peuples s'appelle *frontière*.

Questions. — 1. Par quoi nous ressemblent les gens que nous trouvons en sortant de France ? — 2. Par quoi ne nous ressemblent-ils pas ? — 3. Pourriez-vous citer les noms de quelques étrangers ? — 4. Qu'appelle-t-on frontière ?

Carte. — Dessinez le tour de l'Europe.

30ᵉ LEÇON

Principaux peuples d'Europe.

Voici les principaux pays et les principaux peuples qui sont autour de la France.

Au nord, les *Anglais* habitent l'*Angleterre* et ont pour capitale *Londres*; les *Allemands* habitent l'*Allemagne* et ont pour capitale *Berlin*.

Au sud, les *Espagnols* habitent l'*Espagne* et les *Italiens* habitent l'*Italie*.

Loin vers l'est, se trouve la *Russie* habitée par les *Russes*.

Tous ces pays sont en *Europe*. La France elle-même est en Europe. Nous sommes à la fois des Français et des *Européens*.

Questions. — 1. Où habite le peuple anglais ? — 2. Quelle est la capitale de l'Angleterre ? — 3. Où habite le peuple allemand ? — 4. Quelle est la capitale de l'Allemagne ? — 5. Où habite le peuple

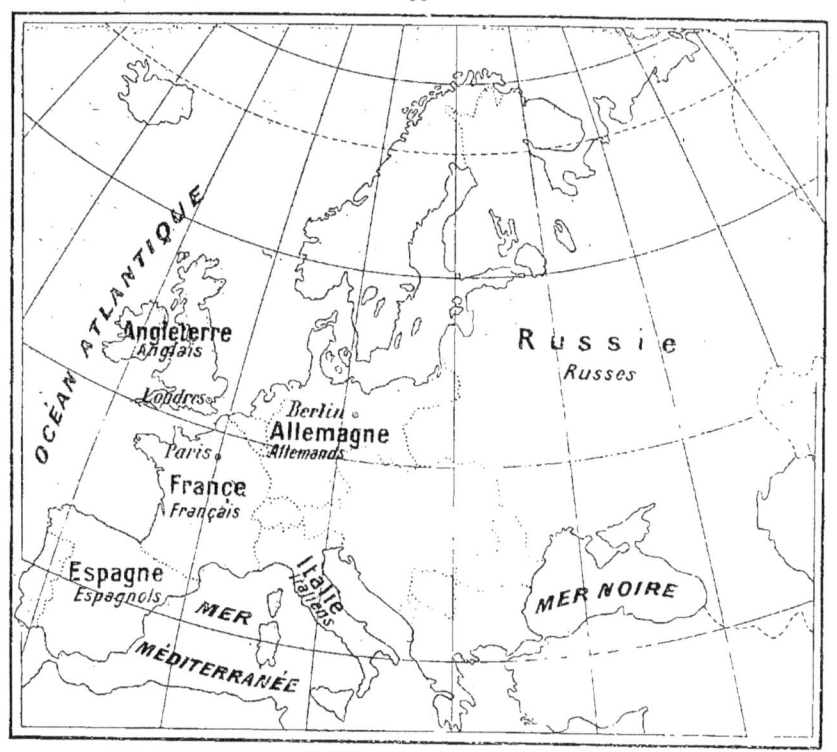

LES PEUPLES DE L'EUROPE

FRANCE   ANGLETERRE   ALLEMAGNE   ESPAGNE   ITALIE   RUSSIE

russe ? — 6. Quels sont les autres peuples que vous connaissez au sud de la France ? — 7. Résumez quels sont les principaux pays et les principales contrées d'Europe.

Carte. — Dessinez la carte d'Europe ; écrivez le nom des principales contrées, et placez Paris, Londres, Berlin.

31ᵉ LEÇON

Pays lointains.

Mais si l'on sort de l'Europe pour aller dans d'autres pays plus éloignés, on trouve un très grand changement.

Non seulement les hommes parlent un autre langage, que nous ne pouvons pas comprendre; mais encore ils s'habillent d'une façon très différente de nous, et la *peau de leur visage* et de leur corps même, n'est pas de la même couleur que la nôtre.

Questions. — 1. Trouve-t-on un plus grand changement quand on sort d'Europe que quand on sort de France ? — 2. Les hommes parlent-ils la même langue ? 3. S'habillent-ils de la même façon ? — 4. La peau de leur visage et de leurs mains est-elle la même que celle des européens ?

Devoir écrit. — Faites le portrait d'un Chinois.

32ᵉ LEÇON

Races d'Hommes.

Vous voyez ce *Chinois* avec sa veste tombant tout droit, et ses larges pantalons. Il a les cheveux noirs et lisses, réunis en tresse qu'il laisse pendre dans le dos. Toute sa peau est jaune, et pour cette raison on dit qu'il appartient à la *race des hommes jaunes.*

Tout autre est ce *Nègre*, à peine vêtu, avec ses cheveux frisés comme la laine d'un mouton noir, ses grosses lèvres, et sa peau noire également depuis la tête jusqu'aux pieds. Les hommes de son espèce appartiennent à la *race noire.*

Questions. 1. Comment est habillé le Chinois ? — 2. Comment sont ses cheveux ? 3. De quelle couleur est sa peau ? — 4. A quelle race appartient-il? 5. Décrivez le Nègre ? — 6. A quelle race appartient-il ?

Devoir écrit. — Faites le portrait d'un nègre.

35ᵉ LEÇON

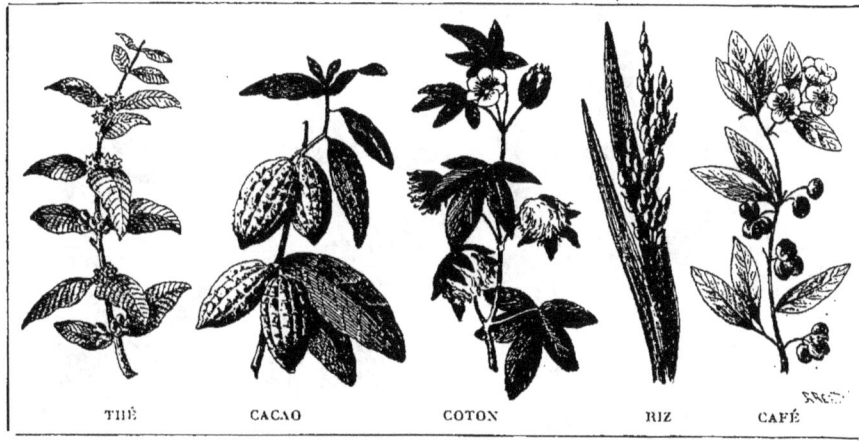

THÉ — CACAO — COTON — RIZ — CAFÉ

Le Café, le Thé, le Cacao, le Riz, le Coton. Les Colonies.

Dans les pays très chauds croissent des plantes qui nous sont fort utiles.

Le *café*, le *cacao* qui sert à faire le chocolat, le *thé*, tous si agréables à prendre au premier déjeuner du matin, sont les graines d'arbustes appelés *caféier, cacaoier, arbre à thé*. Nos marchands vont les acheter au loin et les font rapporter par centaines de sacs sur les bateaux.

Le *riz* est le grain d'une plante un peu semblable à notre blé ; le *coton* dont sont tissés nos vêtements d'été, est produit par un petit arbre appelé *cotonnier*.

Plusieurs des pays où croissent ces plantes si utiles appartiennent à la France ; ce sont ses *colonies*.

Questions. — 1. Comment fait-on le café ? — 2. Comment s'appellent les arbres qui produisent le café, le cacao, le thé, le coton ? — 3. D'où vient le riz ? — 4. A quelle sauce mange-t-on le riz ? — 5. Nommez ceux de vos vêtements qui sont en étoffe de coton. — 6. Qu'est-ce que les colonies françaises ?

Devoir écrit. — Indiquez cinq plantes utiles qui croissent en France et cinq provenant des colonies.

33ᵉ LEÇON
Oiseaux et Animaux étrangers.

Qui n'a visité une ménagerie ?

Dans plusieurs très grandes voitures garnies d[e] fortes grilles en fer, sont enfermés des animau[x] étrangers.

Le *lion*, le *tigre*, la *panthère*, dont le cri seul nou[s] effraie ; à côté on voit de vilains *serpents* qui ont l'a[ir] de dormir ; puis encore de beaux *oiseaux* aux bri[l]lantes couleurs.

Voici le *dromadaire*, l'*éléphant*, qui sont des an[i]maux utiles.

Questions. — 1. Pourquoi le lion, le tigre, la panthère sont-ils e[n]fermés dans des grilles en fer ? — 2. Qu'a-t-on à craindre des serpent[s] — 3. Quels autres animaux voit-on encore dans une ménagerie ? 4. Quels oiseaux y trouve-t-on ? — 5. Comment est l'éléphant ?

Devoir écrit. — Dites ce que l'on voit dans une ménagerie.

34ᵉ LEÇON
Oiseaux et Animaux étrangers *(suite)*.

On trouve tous ces animaux et bien d'autr[es] encore au Jardin des Plantes et au Jardin d'Acclim[a]tation à Paris.

Mais ce n'est pas leur vrai pays ; ils viennent d[e] très loin, de pays très chauds auprès de l'*Equateu*[r] Vous citerai-je encore le *rhinocéros*, l'*hippopotame* Vous citerai-je l'*autruche*, le plus gros des oiseaux ?

Et dans les pays très froids, près du pôle, au mili[eu] des glaces, vivent le *phoque*, le *pingouin*, et aussi [le] *renne*, bon et utile comme notre bœuf.

Questions. — 1. Où peut-on voir encore ces animaux étrange[rs] ? 2. De quels pays viennent-ils ? — 3. Citez d'autres animaux et oiseau[x] des pays chauds. — 4. Citez d'autres animaux des pays froids 5. Décrivez le renne d'après la gravure.

Devoir écrit. — Partagez votre page en deux colonnes ; à gauch[e] écrivez le nom de tous les animaux de France que vous connaissez et [à] droite le nom de tous les animaux des pays lointains.

— 35 —

RACE JAUNE

RACE NOIRE

CULTURE DU CAFÉ

CULTURE DU RIZ

36ᵉ LEÇON

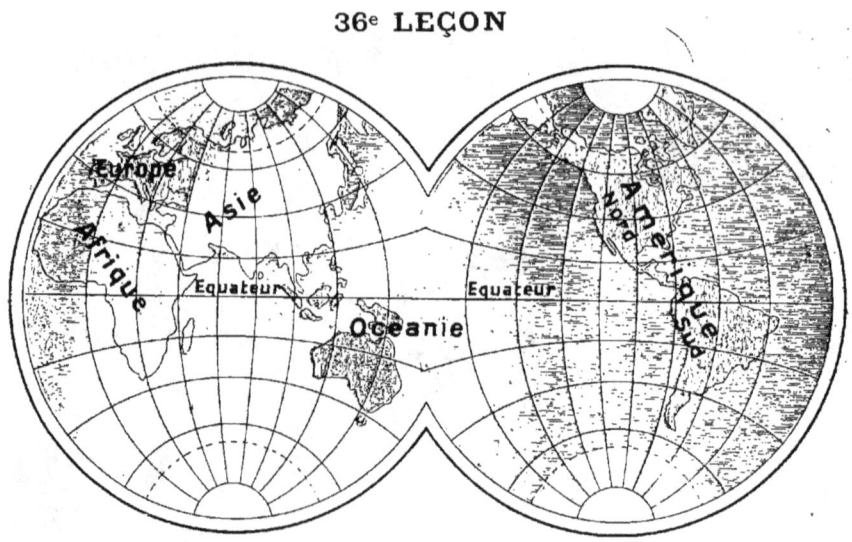

Les Cinq parties du Monde

Quoique les terres ne forment que le quart de la surface du Globe, elles sont néanmoins très vastes. On distingue :

1° L'*Europe*, que nous habitons ;

2° L'*Asie*, à droite de l'Europe, beaucoup plus grande qu'elle, peuplée d'hommes de race jaune ;

3° L'*Afrique*, au sud de l'Europe, très chaude, peuplée en partie de nègres ou hommes de race noire ;

4° L'*Océanie*, formée d'îles au milieu de l'Océan Pacifique ;

5° L'*Amérique*, où il y a aujourd'hui beaucoup d'Européens établis.

Questions. — 1. Quelles sont les cinq parties du monde ? — 2. Laquelle habitons-nous ? — 3. De quelle couleur sont les habitants de l'Asie ? — 4. De quelle couleur sont les habitants de l'Afrique ? — 5. Où est située l'Océanie ? — 6. Dans quelle partie du monde beaucoup d'Européens sont-ils allés s'établir ?

Carte. — Copiez la carte placée à côté ; écrivez les noms des Océans et des cinq parties du monde.

37ᵉ LEÇON

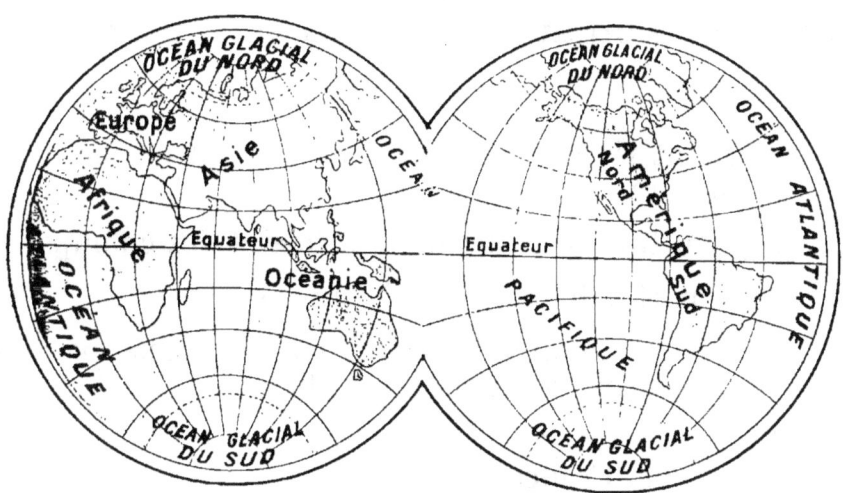

Le Monde : les Océans.

Les trois quarts de la surface de la terre environ sont entièrement recouverts par l'eau des Mers et des Océans; un quart seulement est en terre, en montagnes, en rochers.

Les plus grands océans sont :

L'*Océan Pacifique*, l'*Océan Atlantique*, qui ont des parties froides et des parties chaudes.

L'*Océan Glacial du Nord*, l'*Océan Glacial du Sud*, qui sont froids partout et recouverts de glace pendant tout l'hiver.

Questions.—1. Par quoi sont recouverts les trois quarts de la surface de la terre ? — 2. Où est situé l'Océan Pacifique ? — 3. Où est situé l'Océan Atlantique ? — 4. Montrez sur la carte la place de l'Océan Glacial du Nord et de l'Océan Glacial du Sud.

Carte. — Faire la carte placée à côté et écrire les noms des Océans.

Explication
des Principaux termes Géographiques.

Affluent, rivière qui finit dans une autre rivière ou dans un fleuve.

Agriculture, travaux de la ferme et des champs.

Cap, partie de terre qui s'avance dans la mer.

Col, partie moins élevée d'une montagne, par laquelle passe une route ou un sentier.

Colonies françaises, pays lointains qui sont gouvernés par la France.

Commerce, achat et vente de marchandises.

Confluent, endroit où deux cours d'eau se réunissent.

Côte, rivage, le bord de la mer.

Denrées coloniales ou produits coloniaux, le café, le cacao, le thé, le riz, le coton, etc., qui sont produits par les colonies et vendus en France.

Eaux minérales, eaux de source, ayant un goût très particulier et qui peuvent guérir certaines maladies.

Embouchure, l'endroit où un fleuve se termine dans la mer.

Équateur, ligne qui fait le tour de la terre et près de laquelle sont les pays les plus chauds.

Frontière, bornes et poteaux qui séparent un grand pays comme la France d'un pays étranger comme l'Allemagne.

Géographie, description de la terre.

Glacier, partie la plus haute d'une montagne, toujours recouverte de neige durcie ou de glace.

Golfe, partie de mer qui s'avance dans la terre.

Horizon, ligne que l'on croit voir tout autour de soi, séparant le ciel de la terre.

Ile, terre entourée d'eau de tous côtés.

Industrie, travail du bois, du fer, des étoffes, etc., fait avec des outils et des machines.

Mine, endroit souterrain où l'on trouve de la houille, du fer, du plomb, etc.

Montagne, pays très élevé et inégal.

Nation, *peuple*, réunion de gens parlant la même langue et ayant le même drapeau, le même gouvernement, etc. Les Français sont une nation ou un peuple.

Patrie, le pays de nos pères et le nôtre. Notre patrie est la France.

Plaine, pays plat.

Points cardinaux, il y en quatre : le Nord, le Sud, l'Est, l'Ouest.

Pôle, partie la plus froide du globe terrestre.

Port, endroit où les navires se mettent à l'abri, déchargent et chargent leurs marchandises.

Produits agricoles, le blé, l'avoine, la pomme de terre, tout ce que produisent les champs cultivés.

Race d'Hommes, réunion de tous les hommes dont la peau est de la même couleur : la race blanche, la race jaune, la race noire.

Sommet, partie la plus élevée d'une montagne.

Source, endroit où une rivière, un fleuve sort de terre.

Torrent, rivière rapide et violente dans les montagnes.

Voie de Communication, route, chemin de fer, fleuve, canal, tout ce qui permet à l'homme de voyager et de faire conduire des marchandises.

LE CARNET-ALBUM D'ÉCRITURE

Par MM. Boutrois ◊ 1, inspecteur primaire, et Wiart, instituteur

Cette méthode absolument nouvelle comprend :
1º Un cahier préparé pour les commençants ;
2º Cinq albums de modèles gradués, avec gravures, conseils et directions pédagogiques ;
3º Sept cahiers d'application, correspondant aux carnets-albums et ayant la même réglure spéciale, ainsi que des lignes de très fin pointillé pour l'indication de la pente et des dimensions des lettres.

Avec le système des carnets de modèles indépendants des cahiers d'application, les auteurs ont fait disparaître le grand inconvénient des cahiers-méthode actuels, qui ne permettent pas de donner un enseignement *collectif* de l'écriture. Ils ont facilité la tâche du maître en traçant une esquisse de chaque lettre, en donnant sur sa *forme*, sur sa *structure*, toutes les explications et démonstrations au moyen de notes sobres et précises. Enfin les textes des modèles forment un très heureux choix de pensées morales et patriotiques.

Cette méthode, qui est gravée avec le plus grand soin sur un très beau papier, est remarquable par son originalité ; elle est à la fois attrayante et pratique.

DÉTAIL DE LA MÉTHODE

Carnets-albums, nos 1, 2, 3, 4. — Carnet spécial, (ronde bâtarde, brevet) nº 5, l'un. . . 0.20
Cahier préparé pour les commençants avec modèle à chaque page, l'un 0.10
Cahiers d'application nº 1 à 4, s'adaptant aux réglures du carnet album dont ils portent le numéro. - Cahier nº 5 (ronde) nº 6 (bâtarde), nº 7 (brevet élémentaire). . . . 0.10

LA GÉOGRAPHIE NOUVELLE

Par G. PAULY, *géographe*
et E. TOUTEY, *inspecteur primaire, docteur ès-lettres, ancien instituteur*

Cours préparatoire. — 44 pages de texte, 38 gravures et cartes en noir et en couleurs, reliure « genre amateur » élégante et solide, in-4º mesurant 15×20 . . . . . » 45

Cours élémentaire. — 56 pages de texte, 22 figures, 16 aquarelles de Cicéri en 12 couleurs, 4 cartes en noir, 16 cartes en couleurs, reliure « genre amateur » élégante et solide, in-4º mesurant 18×23. . . . . » 95

Cours moyen (*Certificat d'études*). — 124 pages de texte, 6 figures, 12 cartes en noir, 24 cartes en couleurs, reliure « genre amateur » élégante et solide in-4º mesurant 18 × 23 . . . . 1 50

Cours supérieur (*Brevet élémentaire*). — 232 pages de texte, 125 figures et plans, 32 cartes en couleurs, 61 cartes en noir, 16 graphiques, même reliure in-4º mesurant 18 × 23. . . . . 3 25

www.ingramcontent.com/pod-product-compliance
Lightning Source LLC
Chambersburg PA
CBHW062009070426
42451CB00008BA/461